NOTICE

SUR

M. GRANGENT

Lue par M. PLAGNIOL devant l'Académie du Gard, dans sa séance du 7 avril 1866.

NIMES

DE L'IMPRIMERIE CLAVEL-BALLIVET et Cⁱᵉ

RUE PRADIER, 12

1866

NOTICE

SUR

M. GRANGENT

Lue par M. PLAGNIOL, devant l'Académie du Gard, dans sa séance du 7 avril 1866.

Le temps, dans sa marche incessante et inexorable, entraîne toutes choses : les institutions, après un intervalle plus ou moins long, sont emportées, et si elles renaissent de leurs cendres, les hommes qui les font marcher et les dirigent disparaissent un jour pour faire place à d'autres, qui s'effacent à leur tour. L'Académie du Gard a présenté cette double vicissitude. Renversée par la tourmente révolutionnaire et relevée en 1801, elle suit maintenant le cours paisible de sa destinée. Ce ne sont plus que les membres de ce corps qui sont frappés successivement et se succèdent les uns aux autres.

L'Académie du Gard n'a pas toujours la possibilité d'honorer la mémoire de ceux qu'elle a perdus. Des circonstances particulières, indépendantes de sa volonté, peuvent y faire obstacle. C'est ce qui est arrivé pour un des membres distingués de ce corps, M. Grangent, qui lui a été enlevé il y a déjà bien des années, et qui avait été appelé à en faire partie à l'époque même de sa réorganisation.

Le soin de prononcer l'éloge de M. Grangent avait été remis successivement à divers membres de la société ; mais, par une fatalité bien extraordinaire, la mort les a frappés tour à tour, avant qu'ils aient pu s'acquitter d'une tâche qu'ils se transmettaient les uns aux autres.

Le long intervalle déjà écoulé pouvait faire craindre que la mémoire de M. Grangent, dont la carrière a été si honorable et qui avait tenu une si grande place dans la cité et le département, ne fût l'objet d'aucun témoignage propre à le rappeler.

Cédant à un sentiment pieux, et désireux de rendre hommage à un oncle dont le souvenir vénéré m'est resté si cher, j'ai voulu, quoique je reconnaisse mon insuffisance, tenter de me rendre l'interprète de l'Académie à son sujet. J'ai dû me confier pour cela en la bienveillante indulgence de mes confrères. J'espère qu'ils voudront bien me tenir compte des sentiments qui me dirigent, à défaut des titres qui me manquent. Je chercherai surtout à faire parler les faits que j'ai été à même de recueillir, et qui me fournissent le meilleur moyen de louer celui que l'Académie entourait, de son vivant, de la plus glorieuse estime.

M. Grangent (Victor-Stanislas), né à Pont-Saint-Esprit (Gard), en 1770, était fils du directeur des travaux publics de la province du Languedoc.

A l'âge de dix-huit ans, après de brillants succès dans ses études classiques, études pour lesquelles il conserva pendant tout le reste de sa vie une espèce de culte, il débutait dans une carrière qu'à l'exemple de son père, il devait parcourir avec honneur. En 1789, à la veille de la Révolution, une administration générale des ponts et chaussées ayant été organisée en remplacement des administrations provinciales, M. Grangent fut appelé à en faire partie. Il se fit bientôt remarquer par sa capacité et ses talents. Lorsque son frère aîné, qui avait été nommé ingénieur en chef du Gard, et qui, quoique jeune encore, comptait déjà d'excellents services, vint à mourir prématurément, M. Victor Grangent, à peine âgé de trente ans, fut appelé à lui succéder. Il se voua tout entier, et avec un zèle au dessus de tout éloge, à la tâche importante qui lui était confiée. Pendant près de quarante ans, il sut multiplier ses soins habiles et son activité pour étendre et améliorer les voies et communications du département : nouveaux tracés de route, ponts solidement construits et, dans certains cas, hardiment et élégamment jetés, établissement de digues dans des positions difficiles, chemins de hallage sur les bords du Rhône heureusement combinés, amélioration importante du port d'Aiguesmortes, construction perfectionnée du phare qui le domine, signalèrent successivement la carrière administrative de M. Grangent ; mais ce qui contribua à le placer encore plus haut dans l'estime des gens de l'art, ce fut sa coopération à la construction du canal de Beaucaire à Aiguesmortes.

Ce canal avait pour objet de compléter le système de navigation entre le Rhône et la Garonne, et, par conséquent, de faire communiquer les deux mers. Il s'agissait, en outre, de le faire servir à écarter les causes d'insalubrité qui désolaient alors le pays.

L'ouverture du canal avait été inaugurée, en 1773, par les Etats de Languedoc, sur les plans du père de M. Grangent. Ces travaux avaient été conduits depuis Aigues-mortes jusqu'à Saint-Gilles. M. Grangent, ainsi qu'il s'en explique dans une note écrite de sa main, eut l'extrême bonheur de continuer et de terminer l'œuvre remarquable de son père.

De grandes questions restaient à résoudre ; elles devinrent le but de profondes méditations de la part du fils. L'établissement de l'écluse de prise d'eau dans le Rhône, à Beaucaire, lui donna lieu surtout de déployer toutes les ressources de la science de l'ingénieur ; il eut à soutenir une grave et longue discussion devant le Conseil général des ponts et chaussées : le projet qu'il présentait finit par être adopté.

L'exécution qui suivit fut si remarquable et a si bien répondu à ce que l'on attendait que cette écluse est citée maintenant comme un modèle de ce genre de construction.

Le desséchement des marais situés sur la ligne du canal fut opéré par les soins de M. Grangent, et, grâce à lui, un système fort bien conçu d'irrigation donna le moyen d'arroser à volonté les terrains desséchés. Le succès a pleinement répondu à l'exécution. Le pays a été transformé et surtout assaini. En même temps, des produits végétaux très considérables, consistant en roseaux propres à donner des engrais et en fourrages de diverses natures sont venus, chaque année, fournir des ressources importantes, et en quelque sorte indéfinies, sur les différents points du département où on les transporte maintenant. Cette double conception aurait suffi pour faire un nom à un ingénieur.

La première publication sortie de la plume de M. Grangent fut une *Description abrégée du département du Gard,* qui parut en 1799. Des données relatives à la flore de notre pays et à ses richesses minéralogiques avaient été fournies par MM. Granier et Solimani, professeurs à l'Ecole centrale de Nimes ; il les joignit aux nombreux et importants documents qu'il avait recueillis lui-même, coordonna le tout et en composa un corps d'ouvrage. Cet écrit, très riche en matériaux de tout genre, habilement condensés, a été rédigé avec une clarté et une méthode qui ne laissent rien à désirer. Le style est coulant et d'une simplicité élégante. Le lecteur se sent excité et encouragé à s'instruire. L'auteur avait d'ailleurs le mérite d'ouvrir, en quelque sorte, la voie pour ce genre de composition à peine essayé alors et si fort cultivé de nos jours, où la science de la statistique a pris une véritable importance.

Placé en présence des chefs-d'œuvre de l'antiquité , M. Grangent éprouva le besoin de les étudier. Grâce à sa persévérance et à ses brillantes facultés, il sut bientôt prendre place dans le monde savant. Un ouvrage sur les monuments antiques du midi de la France, qu'il publia avec la collaboration de deux hommes distingués (1),

____

(1) M. Charles Durand, ingénieur des ponts et chaussées , et M. Simon Durant, ingénieur en chef du cadastre.

obtint, dès son apparition, le plus grand succès. L'édition fut de suite épuisée.

Cet ouvrage contient la description particulière et détaillée des monuments. Les auteurs en recherchent soigneusement la destination et l'origine ; ils discutent les opinions et les systèmes qui ont été déjà mis en avant, les placent, au besoin, en présence de leurs propres idées, et s'appliquent à démontrer de quel côté est la vérité.

Plusieurs découvertes qui leur appartiennent sont exposées successivement : entre autres, celles qui se rapportent aux joutes sur l'eau ou naumachies qui étaient célébrées dans l'intérieur de l'Amphithéâtre, et l'existence d'une vaste tente, composée de nombreux compartiments, qui pouvait recouvrir, soit en partie, soit en totalité, la surface du monument. Ils avaient fourni tous les détails explicatifs sur ces deux découvertes qui, l'une et l'autre, avaient été accueillies avec un grand intérêt. Il y a lieu aussi de le faire remarquer, le système des innombrables égouts distribués dans l'intérieur de l'Amphithéâtre pour l'écoulement des eaux pluviales (1) a été soigneusement exposé et parfaitement expliqué dans l'ouvrage. On y trouve des détails complets et vraiment remarquables à ce sujet. On les a souvent reproduits.

L'ouvrage, dans toutes ses parties, révèle des recherches approfondies, appuyées sur des connaissances spéciales, étendues. Les appréciations sont exactes et judicieuses ; une part équitable est faite aux auteurs qui ont

____

(1) A ces égouts venaient communiquer de nombreux urinoirs établis aux divers étages de la construction.

précédé ; la forme est pure , correcte et de nature à être constamment goûtée du lecteur.

M. Grangent avait été nommé conservateur des monuments de Nîmes. L'Amphithéâtre', appelé vulgairement les *Arènes*, fut le premier objet qui l'occupa dans ses nouvelles fonctions. Des maisons, en très grand nombre, mais plus ou moins informes et construites en très grande partie avec des matériaux arrachés au monument, avaient fini par en masquer les dehors et en obstruer l'intérieur. Au moyen âge, les habitants de ces maisons, voués exclusivement à la profession des armes , portaient la qualification de *Chevaliers des Arènes*. En dernier lieu , il ne restait guère plus que des habitants pauvres et de la plus humble condition. Le sol s'était relevé intérieurement de 6 à 7 mètres , par l'effet des amas de décombres qui s'étaient formés peu à peu.

La province du Languedoc avait tenté à diverses reprises de déblayer le monument : François Ier, antérieurement, avait donné des ordres pour qu'il en fût ainsi ; mais l'œuvre était restée fort arriérée. M. Grangent , sur la proposition qu'il fit de la reprendre, fut chargé de ce soin et parvint à la faire marcher activement. Il montra alors ce qu'on pouvait attendre d'un zèle habile et que rien ne devait arrêter. L'édifice fut. dégagé progressivement de ses ruines et ramené à l'état actuel qui permet d'en saisir l'ensemble et d'en étudier les détails.

Il fit exécuter ensuite de nombreuses réparations pour conserver ou consolider diverses parties de l'édifice. En même temps , des voûtes intérieures, des rampes d'escalier, des massifs de gradins furent rétablis, en vue de donner une idée de l'état primitif du monument que les ravages du temps et surtout ceux de la main des hommes avaient si fortement défiguré.

C'est de 1809 à 1812, sous l'administration vigilante et éclairée de M. d'Alphonse, alors préfet du département, que la première partie des travaux dont nous venons de parler a été exécutée. Le décret impérial qui les ordonnait portait une allocation de 424,000 fr., non compris les fonds destinés à acquitter les indemnités considérables dues aux propriétaires des maisons démolies dans l'intérieur et autour de l'amphithéâtre. C'était là une magnificence bien digne de la grandeur de l'œuvre, et qui témoignait de la protection accordée aux arts.

Cette restauration de l'édifice se poursuit maintenant dans une excellente voie par les soins de l'habile architecte et savant archéologue, M. Révoil, qui en est chargé. Non seulement on voit renaître parfaitement certaines parties anciennes de l'édifice, mais des résultats et des objets nouveaux d'un grand intérêt se présentent à mesure que les fouilles actuelles se continuent. Elles ont été étendues aux substructions placées au dessous de l'arène. MM. Grangent et Durand en avaient reconnu l'existence; mais l'insuffisance des fonds applicables aux déblais n'avait pas permis de pousser le travail assez loin pour vider la question relative à la destination de ces substructions. Il était réservé à M. Révoil de produire de nouvelles et curieuses investigations à ce sujet et de les soumettre à une discussion remarquable.

Le temple dit la Maison-Carrée a été restauré en entier par les soins de M. Grangent. Il fut dégagé d'abord des terres et des débris qui s'étaient amoncelés à sa base sur une hauteur de 2 mètres environ. Ensuite le stylobate, avec la pureté et le bel effet de ses lignes, fut rétabli complétement et conformément aux indications les plus scrupuleuses recueillies sur place. On opéra de même pour la rampe d'escalier du péristyle. On conserva néanmoins soigneusement toutes les parties qui devaient servir de pièces justificatives à la restauration. L'ancienne base de l'édifice, qui montre le soin particulier que les anciens mettaient à assurer la solidité de leurs constructions, fut reconnue alors entièrement par M. Grangent.

La Maison-Carrée était devenue une propriété particulière en 1576 ; on n'avait pas craint de livrer le monument le plus riche et le mieux conservé de l'antiquité aux caprices et à l'impéritie de particuliers ignorants ; il en était résulté qu'on avait poussé l'outrage jusqu'à faire servir l'édifice à loger des animaux.

Il était encore en possession d'un habitant de la cité, lorsqu'en 1670, il fut acheté par les religieux Augustins. Ceux-ci firent construire une chapelle dans l'intérieur du temple antique, en se conformant, d'ailleurs, aux précautions qui avaient été prescrites par l'arrêt du conseil, de 1672, en vue de la conservation du monument. Néanmoins, la charpente qu'ils avaient établie ne l'avait pas été dans de bonnes conditions ; le toit qu'elle supportait menaçait de s'écrouler et de tout entraîner dans sa chute : déjà même certaines parties intérieures de la construction surplombaient.

M. Grangent s'occupa des moyens de porter un prompt secours à cet état de choses : il fit démolir la voûte et les murs de la chapelle ; la charpente fut enlevée et remplacée par un système ingénieux de poutres armées combinées avec un contre-mur intérieur. Un toit avec des tuiles, à la manière antique , dont le modèle avait été retrouvé dans les fouilles autour du temple, vint remplacer avantageusement la mauvaise toiture qui existait auparavant.

La couverture du péristyle fut également renouvelée et le plafond reconstruit avec des caissons à rosaces dans le goût de ceux qui avaient dû primitivement y figurer.

Dans tout ce travail, non seulement le plan antique fut fidèlement reproduit, mais l'œuvre moderne le dispute, par la beauté de l'exécution, à l'œuvre des Romains. Actuellement, le monument, consolidé et en quelque sorte rajeuni, est assuré de traverser encore bien des siècles et de continuer à exciter l'admiration de tous.

C'est pendant le cours des travaux relatifs à la restauration que l'on fit la découverte d'une galerie à colonnes qui régnait sur trois côtés, à distance du monument, et qui en formait une magnifique et imposante dépendance. On fut amené, en outre, à reconnaître alors l'existence d'un *forum*, auquel se rattachait la plate-forme du temple du côté du midi (1).

Les fouilles autour de la Maison-Carrée avaient commencé en 1820 ; la restauration de l'édifice avait suivi de près : le 11 mars 1824, on installait un Musée dans l'intérieur de l'ancien temple. C'est ici l'occasion de rendre un juste hommage à la mémoire de l'administrateur habile et profondément instruit qui était alors à la tête du département : M. Villiers du Terrage avait pris

(1) Une notice détaillée sur cette double découverte fut publiée par M. Alphonse de Seynes , dans son *Essai sur les fouilles de la Maison-Carrée.*

tout à fait à cœur la restauration de nos monuments ; il avait fortement aidé et encouragé M. Grangent dans l'accomplissement de sa tâche.

Il nous resterait à énumérer les travaux exécutés sous les ordres de M. Grangent au temple de la Fontaine , dit Temple de Diane. A la suite des premières fouilles, une restauration partielle avait été essayée ; mais ces fouilles avaient besoin d'être continuées et devaient amener plus tard de nouvelles découvertes, qui vinrent se coordonner avec celles qui avaient été faites à l'époque dont nous parlons. On fut alors conduit à reconnaître dans le temple le sanctuaire des anciens bains ou thermes , soit un Nymphée proprement dit , consacré aux nymphes de la Fontaine.

C'est en 1830 que les fouilles au devant du temple ont été reprises, sous la direction de M. Pelet. A partir de cette époque, notre savant et regrettable confrère , dans ses études sur nos divers monuments, a recueilli cette abondante moisson de découvertes qui ont porté si haut sa réputation d'antiquaire. En même temps , il continuait à se livrer à la création de ces produits artisti-ques si remarquables et si fort admirés.

M. Pelet se plaisait à louer M. Grangent, qui l'avait précédé dans le monde savant ; M. Grangent, de son côté , avait bien vite présagé les succès qui attendaient le nouveau venu dans la carrière.

Les services de l'ingénieur et ceux de l'antiquaire avaient été récompensés, en 1814, dans la personne de M. Grangent, par la décoration de la Légion d'hon-neur. Tous avaient applaudi à une distinction si bien méritée. Il avait été appelé à faire partie de l'Académie dès l'époque de sa réorganisation, en 1801. Il s'est montré toujours très dévoué à cette société ; il fréquentait assidûment ses séances et les animait souvent par ses communications.

Dans les moments de loisir que lui laissaient ses fonctions, M. Grangent ne se livrait pas seulement à l'étude des monuments antiques : d'autres objets scientifiques devinrent le but de ses méditations. Ainsi la Société centrale d'agriculture ayant mis au concours, en 1841, une question sur les irrigations, un mémoire échappé, en quelque sorte, à la plume de M. Grangent, obtint le premier prix. D'autres succès en ce genre lui eussent été acquis, s'il avait eu moins de modestie et moins d'indifférence pour toute espèce de gloire et de renom.

Mais ce n'est point assez de louer en M. Grangent l'ingénieur habile, le savant antiquaire et l'écrivain exercé ; pour rendre un hommage complet à sa mémoire, je ne dois pas passer sous silence les qualités de l'homme privé.

Son commerce était doux et facile ; sa grande affabilité, son urbanité exquise et un fonds inépuisable de bonté appelaient à lui toutes les sympathies. Causeur spirituel, mais dépourvu de toute prétention, nul ne possédait à un plus haut degré l'art de conter et de captiver ceux devant qui il parlait. Il faisait revivre le ton et les traditions les plus distinguées de la société d'autrefois. Son salon était le rendez-vous du monde élégant et éclairé. Les étrangers de marque, à leur passage, étaient heureux d'y être admis et se retiraient emportant le souvenir du charme qu'ils avaient goûté dans les plus aimables causeries.

Rigide observateur de ses devoirs domestiques, non

moins que de ses devoirs d'homme public, il avait donné tous ses soins à l'éducation de deux fils qu'il avait eus d'un premier mariage. L'un d'eux avait péri au milieu des désastres de la campagne de Russie : le deuil du père avait été un tribut payé à la patrie. L'autre fils, plus jeune, avait suivi honorablement aussi la carrière militaire. Il est mort, il y a quatre ans, laissant plusieurs enfants.

M. Grangent avait fait preuve d'un grand dévoûment fraternel : son second frère était mort victime des premiers orages de la révolution ; il laissait un fils en bas âge. M. Grangent avait adopté cet enfant, l'avait élevé avec les siens et confondu dans la même tendresse. Ce neveu, en qui s'étaient développés de nobles sentiments et qui est devenu plus tard un homme d'élite, avait fini par ne plus voir en lui qu'un véritable père.

M. Grangent, d'un naturel très bienveillant, s'attirait l'affection de tous ses subordonnés. Il leur portait un intérêt extrême, et cherchait sans cesse le moyen de les servir. Il avait l'art de les exciter au bien. Il avait vu s'élever autour de lui deux des fortunes les plus éminentes du corps des ponts et chaussées, qu'il avait su discerner dès le début et qu'il avait servies et encouragées en tout ce qui dépendait de lui : nous voulons parler de MM. Talabot et Didion, qui, après avoir passé quelques années sous ses ordres, étaient demeurés ensuite ses amis et avaient toujours conservé précieusement le souvenir des qualités de son cœur et de son esprit.

M. Grangent était secourable à l'infortune. Il ne trouvait pas de plus douce jouissance que celle d'as-

sister et de consoler les malheureux. Dans les derniè-
res années de sa vie, lorsque sa mise à la retraite lui
eut fait des loisirs, il prêtait un concours actif à plusieurs établissements privés de bienfaisance.

Il a succombé en avril 1843, âgé de soixante-treize
ans. Les secours de la religion et les sentiments pieux
qu'il nourrissait ont adouci ses derniers moments. Les
soins les plus tendres lui ont été prodigués par la
femme excellente et distinguée qu'il avait associée à
sa destinée. Il a emporté dans sa tombe les regrets de
tous, et laissé après lui le haut exemple d'une vie noble-
ment et utilement remplie.

Nimes, typ. Clavel-Ballivet et Cᵉ.